HISTORIETAS JUVENILES: MISTERIOS™

OVNIS

El caso Roswell

Jack DeMolay

Traducción al español:
José María Obregón

PowerKiDS press & **Editorial Buenas Letras**™

New York

Published in 2009 by The Rosen Publishing Group, Inc.
29 East 21st Street, New York, NY 10010

First Edition

Editor: Jennifer Way
Book Design: Ginny Chu
Illustrations: Q2A

Library of Congress Cataloging-in-Publication Data

DeMolay, Jack.
  [UFOs. Spanish]
  El caso Roswell / Jack DeMolay ; traducción al español: Jose María Obregón. –
1st ed.
      p. cm. – (Historietas juveniles. Misterios)
  Includes index.
  ISBN 978-1-4358-2539-0 (library binding)
  1. Unidentified flying objects–Sightings and encounters–New Mexico–Roswell Region–
Juvenile literature. I. Title.
  TL789.2.D4618 2009
  001.94209789'43–dc22

                                                      2008014452

Manufactured in the United States of America

Contenido

OVNIS:

  EL caso Roswell   4

¿Sabías que. . .?   22

Glosario   23

Índice y Sitios Web   24

OVNIS: EL CASO ROSWELL

VERANO, 1947.

EL PUEBLO ROSWELL EN NUEVO MÉXICO.

ERA UNA ÉPOCA EXTRAÑA EN LOS ESTADOS UNIDOS.

HISTORIAS DE LO DESCONOCIDO SE ESCUCHABAN POR TODAS PARTES.

¡MIRA, APA! ¿LO VES?

¿QUÉ ES, DAN?

ALGUNAS PERSONAS DECÍAN HABER VISTO ALGO EXTRAÑO EN EL CIELO DURANTE LA NOCHE.

¡OVNIS!

¡TAMBIÉN CONOCIDOS COMO OBJETOS VOLADORES NO IDENTIFICADOS!

ÉSTA ES LA HISTORIA DE LO QUE ALGUNAS PERSONAS DICEN QUE SUCEDIÓ EN ROSWELL, NUEVO MÉXICO, EN AQUEL VERANO DE 1947.

DE ACUERDO A ALGUNOS TESTIGOS, UN OVNI CAYÓ CERCA DE ROSWELL, EL 14 DE JUNIO DE 1947.

¿QUÉ FUE ESO?

EL **RANCHERO** MACK BRAZEL FUE EL PRIMERO EN VER LOS **RESTOS** DEL CHOQUE.

ESTOS RESTOS NO PARECÍAN VENIR DE LA TIERRA.

BRAZEL TAMBIÉN VIO UN LARGO SURCO QUE SALÍA DE LOS RESTOS DE ESTA EXTRAÑA NAVE.

MACK BRAZEL NO FUE LA ÚNICA PERSONA QUE VIO UN OVNI AQUEL VERANO.

¡ME HAN DICHO QUE HAY UNA **RECOMPENSA** PARA QUIEN HAYA VISTO UN OVNI!

BRAZEL REGRESÓ CON SU FAMILIA AL LUGAR DEL CHOQUE.

¡WOW!

DEBEMOS ENSEÑAR ESTO AL **ALGUACIL**.

ESTACIÓN de Policía

¿VISTE UN OVNI?

BRAZEL FUE A VER AL ALGUACIL.

¿ALCALDE? TENGO UNA NOTICIA QUE LE PARECERÁ INTERESANTE.

PRONTO, LLEGÓ EL EJÉRCITO.

Y DE INMEDIATO FUE AL DESIERTO PARA ANALIZAR LOS RESTOS DEL CHOQUE.

EL COMANDANTE JESSE MARCEL ERA LA PERSONA ENCARGADA DE LA OPERACIÓN.

PARECE QUE ALGO **EXPLOTÓ** EN EL AIRE ANTES DE CAER.

PARECE QUE VOLÓ DESDE AQUELLA DIRECCIÓN.

Y ATERRIZÓ AQUÍ.

SE TRATABA DE UN MISTERIO QUE SE HACÍA MÁS Y MÁS GRANDE.

¿DE DÓNDE HABRÍA VENIDO EL OVNI?

¿POR QUÉ CHOCÓ?

¿VENDRÍA DEL ESPACIO?

EL EJÉRCITO COMENZÓ A DESPEJAR EL ÁREA.

Y LLEVÓ LOS RESTOS A LA BASE MILITAR DE ROSWELL.

EL COMANDANTE MARCEL LLEVÓ ALGUNAS PIEZAS DE LA MISTERIOSA NAVE A SU CASA.

¿QUÉ ES ESO, JESSE?

MI AMOR, NO VAS A CREERLO.

¿QUÉ ES, PAPÁ?

N-NO SÉ, HIJO.

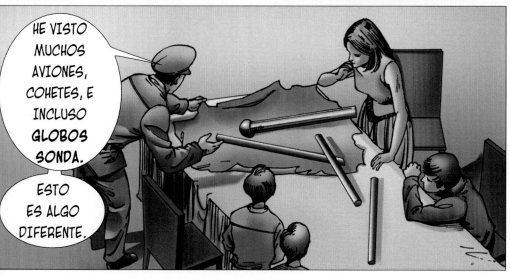

HE VISTO MUCHOS AVIONES, COHETES, E INCLUSO **GLOBOS SONDA.**

ESTO ES ALGO DIFERENTE.

LAS NOTICIAS DEL DÍA SIGUIENTE ESTUVIERON DE ACUERDO CON EL COMANDANTE MARCEL.

DAILY RECO

R.A.A.F. CAPTURES UFO IN ROSWELL AREA

¿ENTONCES ES VERDAD? ¿LOS OVNIS EXISTEN?

¡EL EJÉRCITO LO ENCONTRÓ!

¿QUIERE DECIR QUE ENCONTRARON SERES EXTRATERRESTRES?

¡VENGAN, PRONTO! ¡ESCUCHEN ESTO!

EL EJÉRCITO REPORTA QUE LO QUE ENCONTRÓ ES UN GLOBO SONDA Y NO UN OVNI.

¿QUÉ? ¿UN GLOBO SONDA?

EN SÓLO UNAS HORAS, EL EJÉRCITO HABÍA CAMBIADO SU HISTORIA.

¿SERÁ QUE EL EJÉRCITO TENÍA MIEDO DE LA REACCIÓN PÚBLICA?

¿UN GLOBO SONDA? ¡ESO NO ES LO QUE VI EN EL CAMPO!

PERSONAS, COMO MACK BRAZEL, SE REHUSARON A CREER QUE LOS RESTOS NO ERAN LOS DE UN OVNI.

EL EJÉRCITO CONTINUÓ LIMPIANDO EL ÁREA.

LOS LUGAREÑOS SE PREGUNTABAN POR QUÉ TANTO LÍO POR EL CHOQUE DE UN GLOBO SONDA.

ÉSTA ES UNA ZONA RESTRINGIDA.

YO CREO QUE EL EJÉRCITO ESTÁ ESCONDIENDO ALGO.

LOS RUMORES DE LAS MENTIRAS DEL EJÉRCITO SE ESPARCIERON POR TODO EL PUEBLO. FUE ENTONCES QUE EL MISTERIO SE HIZO AÚN MÁS GRANDE.

FUNERARIA BALLARD

GLENN DENNIS, DE LA **FUNERARIA BALLARD**, RECIBIÓ UNA LLAMADA TELEFÓNICA.

¿DIGA?

¿QUÉ NECESITA?

EL EJÉRCITO LE PIDIÓ A DENNIS VARIOS **ATAÚDES** PEQUEÑOS.

¿PODRÍA SER QUE ESTOS ATAÚDES FUERAN PARA LOS SERES EXTRATERRESTRES?

AQUELLA NOCHE, DENNIS VISITÓ LA BASE ARMADA.

EL ACCESO A LA BASE ES RESTRINGIDO.

EN SECRETO, DENNIS SE REUNIÓ CON UNA ENFERMERA DE LA BASE.

LO QUE VOY A DECIRTE ES UN GRAN SECRETO.

LA ENFERMERA LE DIJO QUE EN LA BASE SE HABÍAN HECHO VARIAS **AUTOPSIAS** DE EXTRATERRESTRES.

¿EXTRATERRESTRES?

SEA LO QUE SEA, NO ERAN SERES HUMANOS.

NO LE DIGAS ESTO A NADIE. MI VIDA DEPENDE DE TI.

NO TE PREOCUPES.

PERO LOS EXTRAÑOS SUCESOS DE ROSEWELL NO TERMINARON CON EL CHOQUE DE ESTA NAVE.

SEMANAS MÁS TARDE, EL DEPARTAMENTO DE BOMBEROS DIJO HABER ENCONTRADO ALGO MUY EXTRAÑO EN EL LUGAR DEL CHOQUE.

¡ERA UN PEQUEÑO OBJETO QUE FLOTABA POR SÍ MISMO!

LOS BOMBEROS FUERON OBLIGADOS A ENTREGAR EL OBJETO AL EJÉRCITO.

A LOS SOLDADOS QUE LIMPIARON LOS RESTOS SE LES PIDIÓ NO HABLAR DEL TEMA.

¡CASI TODOS LOS MILITARES QUE FUERON TESTIGOS DEL CHOQUE FUERON **TRANSFERIDOS** O, SIMPLEMENTE, DESAPARECIERON!

DE ACUERDO A VARIOS REPORTES, LOS RESTOS DEL CHOQUE FUERON LLEVADOS A UNA BASE MILITAR SECRETA EN EL ESTADO DE OHIO.

ESTOS REPORTES DIERON PASO A LA **LEYENDA** DEL **HANGAR** NÚMERO 18.

SE DICE QUE EN ESTE LUGAR SE ENCUENTRAN, EN SECRETO, SERES EXTRATERRETRES Y OVNIS.

OTRAS PERSONAS CREEN QUE LOS RESTOS DEL CHOQUE DE ROSWELL FUERON LLEVADOS A LA BASE SECRETA "ÁREA 51", EN NEVADA.

Restricted **Area**

Prohibido el paso

EL ÁREA 51 ES UNA DE LAS BASES MILITARES MÁS PROTEGIDAS DEL MUNDO.

¿SERÁ QUE ESCONDEN ALGO? ¿QUÉ SERÁ?

¿OVNIS?

¿EXTRATERRESTRES?

MIENTRAS HAYA GENTE DISPUESTA A SOÑAR E IMAGINAR, HABRÁ HISTORIAS DE OVNIS Y SERES EXTRATERRESTRES.

¡MIRA! ¿LO VES?

¿EXISTIRÁ VIDA EN OTROS **PLANETAS?**, Y DE SER ASÍ, ¿CREES QUE LOS EXTRATERRESTRES HAYAN VISITADO LA TIERRA.

QUIZÁ NUNCA LO SABREMOS.

FIN

¡Sabías que...?

- El Área 51 ha tenido muchos nombres distintos, incluyendo Groom Lake (El lago arreglado), Dreamland (Tierra de sueños), Paradise Ranch (Rancho paraíso), the Box (La caja) y the Pig Farm (La granja de los cerdos).

- Algunos reportes aseguran que la base secreta en el Área 51 tiene 22 niveles bajo tierra.

- El terreno del Área 51 y la base aérea que la rodea es casi del mismo tamaño que el estado de Connecticut.

- El gobierno de Estados Unidos no ha reconocido de manera oficial la existencia del Área 51.

Glosario

alguacil–esa (el/la) La persona de la ley en un condado.

ataúdes (los) Cajas en las que se coloca a los muertos.

autopsias (las) Operaciones que se hacen a personas que han muerto para conocer la razón de su muerte.

extraterrestres (los) Criaturas del espacio exterior.

funeraria (la) Un lugar que arregla las ceremonias que se le hacen a los muertos.

globos sonda (los) Un globo especial que se usa para registrar el clima.

hangar (el) Un edificio grande donde se guardan los aviones.

leyenda (la) Una historia, pasada a través de los años, que no puede ser demostrada.

planetas (los) Grandes objetos, como la Tierra, que giran alrededor del sol.

ranchero (el) Una persona que trabaja en un rancho criando caballos, vacas y otros animales.

recompensa (la) Premios, generalmente de dinero, que se le dan a las personas por haber hecho algo.

restos (los) Lo que queda después de un choque.

restringida Una zona que ha sido controlada.

transferido Que se ha movido a un lugar diferente.

Índice

A

alguacil, 7–8
Área 51, 20
ataúdes, 15
autopsias, 17

B

Brazel, Mack, 6–8, 14

D

Dennis, Glenn, 15–16
departamento de bomberos, 18

E

Ejército 8–10, 12–16, 18
extraterrestres, 15, 17, 19–21

H

Hangar número 18, 19

M

Marcel, Comandante Jesse, 9, 11

R

restos, 6–7, 10–11, 14, 19–20
Roswell, Nuevo México, 4–6, 18, 20

Sitios Web

Debido a los constantes cambios en los enlaces de Internet, Rosen Publishing Group, Inc. mantiene una lista de sitios en la red relacionados con el tema de este libro. Esta lista se actualiza regularmente y puede ser consultada en el siguiente enlace: www.powerkidslinks.com/jgm/ufos/